Autoren

AF175411

Jophil George, Julien Rösch

1

Java programmieren lernen für Einsteiger – Übungsheft

C✪deStar*ter*

Bibliografische Information der Deutschen
Nationalbibliothek: Die Deutsche
Nationalbibliothek verzeichnet diese
Publikation in der Deutschen
Nationalbibliografie; detaillierte bibliografische
Daten sind im Internet über http://dnb.dnb.de
abrufbar.

Herstellung und Verlag:
BoD – Books on Demand, Norderstedt

ISBN: 9783752839616

Inhaltsverzeichnis

Java programmieren lernen für Einsteiger - Übungsheft

Dies ist ein Übungsheft, das dir helfen wird, den Einstieg in die Welt der Java Programmierung zu meistern. Dir wird Schritt für Schritt, anhand von Übungen, gezeigt, wie Java aufgebaut ist und funktioniert. Viel Spaß auf deinem Weg zum Java Programmierer wünschen dir Jophil George und Julien Rösch.

Vorwort

Das Schwierigste der Programmierung ist meiner Erfahrung nach der Einstieg. Nicht jedem fällt dieser leicht. So auch mir. Ich hatte lange Mühe zu begreifen, wie Programmabläufe zusammenhängen und was sie bewirken. Heute weiß ich, dass es besonders in der Anfangsphase wichtig ist, den Stoff genau zu verstehen. Mit diesem Buch sollst du angenehm in die Java Programmierung eingeführt werden und später auf einer soliden Basis bauen können.

Über Java

Die Programmiersprache Java wurde erstmals
im Jahre 1995 von Sun Microsystems
veröffentlicht und im Jahre 2010 von Oracle
gekauft. Sie ist eine objektorientierte
Programmiersprache und kann auf allen
Betriebssystemen verwendet werden.
Mit Java hast du die Möglichkeit verschiedene
Arten von Anwendungen nach deinem
Geschmack zu programmieren.

Grundvoraussetzung

Um die Übungen in diesem Buch lösen zu können, benötigst du eine Internetverbindung, die dir einen Zugang zur Webseite www.codestarter.ch verschafft. Jedes Kapitel basiert auf einem Thema, zudem du die Theorie auf der Webseite findest. Der entsprechende Titel ist jeweils genauer beschrieben.
Außerdem solltest du mindestens das Kapitel NetBeans auf www.codestarter.ch durchgelesen und umgesetzt haben, um beginnen zu können.

NetBeans kann sowohl als Version für Windows, als auch für macOS heruntergeladen werden.

Variablen

Voraussetzung für diese Übungen ist
Kapitel 1. Variablen *auf www.codestarter.ch*
unter dem Menüpunkt „Java"

Übung 1

Erstelle eine Variable mit:
1. Deinem Namen
2. Deinem Alter

Finde jeweils geeignete Namen.

Übung 2

Kombiniere die beiden Variablen so miteinander, dass sie in einer neuen Variable, zuerst der Name und dann das Alter, den Wert darstellen. Nenne die neue Variable *„kombination"*

Übung 3

Wir möchten eine Variable erstellen, welche *„steckbrief"* heißt und uns darüber informiert, dass Hans Muster den Sport Tennis mag. Zur Verfügung stehen uns bereits drei vorgefertigte Variablen:

```
String name = "Muster";
String vorname = "Hans";
String lieblingsSport = "Tennis";
```

Übung 4

Uns stehen zwei Variablen des Datentyps Integer zur Verfügung. Wir möchten sie miteinander verrechnen. Als Ergebnis soll jeweils in vier unterschiedlichen und neu erstellten Variablen, 12, 8, 20 und 5 angezeigt werden. Finde jeweils geeignete Namen für die Variablen.

```
int zahl1 = 10;
int zahl2 = 2;
```

Konsolenausgabe

Voraussetzung für diese Übungen ist
Kapitel 2. Konsolenausgabe *auf*
www.codestarter.ch unter dem Menüpunkt
„Java"

Übung 1

Wir übernehmen die Übung 1 aus dem Kapitel
Variablen und geben den Wert der Variable
steckbrief in der Konsole aus

```
String steckbrief = vorname + " " + name +
                    " mag den Sport " +
                    lieblingsSport;
```

Übung 2

Operiere mit den Zahlen 100 und 10 so, dass
in der Konsole die Ergebnisse 110, 90, 1000
und 10 angezeigt werden.

Konsoleneingabe

Voraussetzung für diese Übungen ist
Kapitel 3. Konsoleneingabe *auf*
www.codestarter.ch unter dem Menüpunkt
„Java"

Übung 1

Gib in der Konsole eine Frage aus, die den
Benutzer nach seinem Alter fragt.
Speichere dann das eingegebene Alter in eine
geeignete Variable.

Übung 2

Frage den Benutzer in der Konsole nach
seinem Namen und grüße ihn anschließend
wie folgend:

```
Hallo „NAME", ich wünsche dir einen guten Tag.
```

Kontrollstrukturen

Voraussetzung für diese Übungen ist
Kapitel 4. Kontrollstrukturen *auf*
www.codestarter.ch unter dem Menüpunkt
„Java"

Übung 1

Eine Kontrollstruktur soll uns darüber informieren, ob die Variable *name*, den Wert „Hans" beinhaltet oder nicht.

```
String name = "Hans";
```

Übung 2

Nun soll die Kontrollstruktur überprüfen, ob der Wert der Variable *zahl* im Zahlenbereich zwischen 0 und 10 ist, oder was sie ebenfalls akzeptieren kann, zwischen 20 und 30.

```
int zahl = 25;
```

Übung 3

Eine Kontrollstruktur soll zunächst überprüfen, ob der Name „*Tom*" ist. Sollte das der Fall sein, soll überprüft werden, ob er älter als 30, jünger als 30, oder genau 30 Jahre alt ist.

```java
String name = "Tom";
int tomsAlter = 30;
```

Übung 4

Ein Restaurant bietet vier Gerichte an.
Hamburger, Nudeln, Pizza und Steak. Eine
switch-case Kontrollstruktur soll je nach
Gericht, welches in der Variable
abgespeichert wurde, den Preis auf der
Konsole ausgeben. Sollte das Gericht nicht
angeboten werden, soll ein entsprechender
Hinweis auf der Konsole ausgegeben werden.

```
String gericht = "Pizza";
```

Hamburger: EUR 8.50
Nudeln und Pizza: EUR 7.00
Steak: EUR 12.99

Schleifen

Voraussetzung für diese Übungen ist
Kapitel 5. Schleifen *auf www.codestarter.ch*
unter dem Menüpunkt „Java"

Übung 1

Ordne die drei Schleifentypen ihren jeweiligen Eigenschaften zu.

for Schleife •	• Fussgesteuert
while Schleife •	• Ist intelligent, da sie vorgefertigte Aufgaben übernehmen kann
do-while Schleife •	• Kopfgesteuert

Übung 2

Eine Schleife soll in 6 Durchläufen jedes Mal den Wert einer Zahl um 1 erhöhen und dabei immer den momentanen Wert auf der Konsole ausgeben. Kreiere dafür nicht extra eine separate Variable, sie soll bereits in der Schleife integriert sein.

Übung 3

Schreibe eine Variable mit dem Wert 50.
Programmiere eine Schleife, welche diesen in
jedem Durchgang um 1 erhöht, bis er 50 ist.
Der erste Durchgang soll aber unter jedem
Umstand durchgeführt werden.

Übung 4

Ein Wert einer Variable liegt bei 30. Er soll
schrittweise um 2 erhöht werden, bis er bei 45
angelangt ist.

```
int zahl = 30;
```

Übung 5

Eine Varlable mit beliebigem Wert soll solange
immer um 10 korrigiert werden, bis der Wert
genau 100 ist. Gehe für diese Aufgabe von
folgender Variable aus.

```
int zahl = 150;
```

Operatoren

Voraussetzung für diese Übungen ist
Kapitel 6. Operatoren *auf*
www.codestarter.ch unter dem Menüpunkt
„Java"

Übung 1

Welchen Wert hat *x*?

```
int x = 20;
int y = 30;
x = y
```

Übung 2

Welche Werte stecken jeweils hinter *x*?

```
int x = 20;

x = -x    //Aufgabe 2.1
x = +x    //Aufgabe 2.2
x = -x    //Aufgabe 2.3
```

Übung 3

Die Variable *zahl* soll schrittweise bis 20 erhöht werden. Sollte der Wert der Variable ungerade sein, wird der Wert im laufenden Durchgang nur um 1 erhöht. Sollte der Wert der Variable jedoch gerade sein, wird er um 2 erhöht. Gib jeweils den momentanen Wert auf der Konsole aus.

```
int zahl = 9;
```

Funktionen

Voraussetzung für diese Übungen ist
Kapitel 7. Funktionen *auf*
www.codestarter.ch unter dem Menüpunkt
„Java"

Übung1

Programmiere eine Funktion, welche ein freundliches Hallo auf der Konsole ausgibt und führe diese aus. Benenne die Funktion *„sagHallo"*.

Übung2

Programmiere eine Funktion, welcher du zwei Zahlen übergeben musst, die, miteinander addiert, auf der Konsole ausgegeben werden. Führe die Funktion aus und benenne sie *„addieren"*.

Übung 3

Erstelle eine neue Funktion namens *„ueberpruefe"*. Sie soll zwei mitgegebene Zahlen danach überprüfen, welche grösser ist. Gib das Ergebnis in der Konsole aus.

Übung 4

Wir möchten eine Funktion, der wir zwei Zahlen übergeben und zudem entscheiden können, ob wir sie miteinander addieren, subtrahieren, dividieren, oder multiplizieren wollen. Dafür benutzen wir die gängigen Zeichen (+, -, /, *). Das Ergebnis soll auf der Konsole angezeigt werden.
Benenne die Funktion *„rechner"*. Sollte kein gültiges Zeichen angegeben worden sein, wird eine entsprechende Meldung ausgegeben.

Übung 5

Programmiere eine Funktion, welche einen Steckbrief, anhand von uns übergebenen Daten, erstellt. Der Name, das Land in dem die Person lebt und das Alter soll wie folgt auf der Konsole ausgegeben werden.

`Hans lebt in Deutschland und ist 21 Jahre alt`

Finde einen passenden Namen für die Funktion und für die Parameter.

Übung 6

Folgende Funktion ist vorgegeben:

```java
void funktion2(int zahl1, int zahl2) {
    System.out.println(zahl1 – zahl2);
}
```

Am Namen der Funktion erkennst du bereits, dass sie die zweite von zweien ist. Deine Aufgabe ist es, die erste Funktion zu programmieren.
Sie soll „*funktion1*" heißen und zwei Parameter miteinander addieren. Das erhaltene Ergebnis soll sie als Rückgabewert zurückgeben. Die zweite Funktion soll das Resultat der ersten Funktion als Wert für den Parameter „*zahl1*" nutzen, um davon eine Zahl zu subtrahieren.
Programmiere die Funktion1 und rufe die Funktion2 ordnungsgemäß auf.

Arrays/ArrayList

Voraussetzung für diese Übungen sind
Kapitel 8. Arrays und Kapitel 9. ArrayList
auf www.codestarter.ch unter dem Menüpunkt
„Java"

Übung 1

Drei Mitglieder eines Vereins sollen in einem Array erfasst werden. Erstelle das Array, finde den geeigneten Datentyp und gib das Resultat auf der Konsole aus.

Übung 2

Folgende ArrayList ist gegeben und mit fünf Werten befüllt worden:

```java
ArrayList<String> obst = new ArrayList<>();

obst.add("Apfel");
obst.add("Banane");
obst.add("Birne");
obst.add("Pflaume");
obst.add("Aprikose");
```

2.1 Gib die Anzahl an Früchten in der Obstschale auf der Konsole aus.

2.2 Die zweite Frucht wird verspeist. Entferne sie aus der ArrayList.

2.3 Dein Hund hat die letzte Frucht, die du in die Obstschale gelegt hast, gefressen.

2.4 Die Frucht die am längsten in der Schale liegt, hat angefangen zu schimmeln, du musst sie aussortieren.

2.5 Leider sind auch die anderen Früchte befallen, sie müssen ebenfalls weggeschmissen werden.

Übung 3

In einer Klasse werden vier Dreiergruppen gebildet. Programmiere eine Funktion, welche für die Gruppe2, in folgendes Array die Namen Otto, Hans und Jörg füllt. Benenne die Funktion „*eintragen*" und gib die Werte des Arrays auf der Konsole aus.

```
String[] gruppe2 = new String[3];
```

Übung 4

Folgende ArrayList ist gegeben und mit drei String Werten gefüllt worden:

```
ArrayList werkzeuge = new ArrayList();
werkzeuge.add("Hammer");
werkzeuge.add("Bohrer");
werkzeuge.add("Säge");
```

4.1 Füge an dritter Stelle einen Schraubenzieher hinzu.

4.2 Entferne die Säge aus der ArrayList.

HashMap

Voraussetzung für diese Übungen ist
***Kapitel 10. HashMap** auf www.codestarter.ch*
unter dem Menüpunkt „Java"

Übung 1

Wir möchten ein Wörterbuch programmieren und nutzen dafür folgende HashMap. Finde zunächst den geeigneten Datentyp für Key und Value und ersetzte mit ihm die Platzhalter (x). Als Key setzen wir später das deutsche zu übersetzende Wort und als Value die englische Übersetzung.

```
HashMap<x,x> woerterbuch = new HashMap<>();
```

Übung 2

2.1 Fülle die HashMap aus Übung1 mit folgenden drei Keys und Values:

Tisch – Table | Apfel – Apple | Tasche – Bag

2.2 Entferne aus der HashMap den Wert mit dem Key "*Apfel*".

2.3 Gib den Wert des Keys "*Tasche*" auf der Konsole aus und schmücke die Ausgabe so, dass folgender Satz ersichtlich wird:

`Die Übersetzung für Tasche ist: Bag`

Lösungen

Variablen

Übung 1

1.1:

```
String name = "Max";
```

Ein geeigneter Name für die Variable ist name.
Der Wert der Variable Name ist eine Zeichenkette, deswegen handelt es sich um den Datentyp String. Strings werden in Gänsefüßchen eingebettet.

1.2:

```
int alter = 38;
```

Ein geeigneter Name für die Variable ist alter.
Der Wert der Variable alter ist eine Zahl ohne Nachkommastellen, deswegen handelt es sich um den Datentyp Integer. Integer müssen nicht in Gänsefüßchen eingebettet werden

Übung 2

```
String kombination = name + " " +
Integer.toString(alter);
```

Der Wert der Variable alter ist vom Datentyp
Integer. Der Datentyp der Variable name
jedoch, ist vom Datentyp String. Daher
müssen wir den Wert von alter in einen String
konvertieren um sie mit name in einer neuen
Variable zu kombinieren.

Übung 3

```
String steckbrief = vorname + " " + name +
                    " mag den Sport " +
                    lieblingsSport;
```

Achte darauf, dass in deiner Lösung der
Lehrschlag berücksichtigt wurde. Dieser wird
in den Gänsefüßchen eingefügt.

Übung 4

```
int addition = zahl1 + zahl2;
int subtraktion = zahl1 - zahl2;
int multiplikation = zahl1 * zahl2;
int division = zahl1 / zahl2;
```

Addieren (+)
Subtrahieren (-)
Multiplizieren (*)
Dividieren (/)

Konsolenausgabe

Übung 1

```
String name = "Muster";
String vorname = "Hans";
String lieblingsSport = "Tennis";

String steckbrief = vorname + " " + name +
                " mag den Sport " +
                lieblingsSport;

System.out.println(steckbrief);
```

Sind die Variablen name, vorname und lieblingsSport vorhanden, können wir den Wert wie in der Lösung auf die Konsole ausgeben. Anderenfalls könnte man Strings auch direkt ausgeben.

```
System.out.println("Hans Muster mag den Sport Tennis");
```

Übung 2

```
System.out.println (100 + 10);
System.out.println (100 - 10);
System.out.println (100 * 10);
System.out.println (100 / 10);
```

Konsoleneingabe

Übung 1

```java
System.out.println("Wie alt bist du?");
Scanner sc = new Scanner(System.in);
int alter = sc.nextInt();
```

Für die Konsoleneingabe stellt Java die Scanner-Klasse zur Verfügung. Beachte, dass du die Klasse noch importieren musst. Um einen Integer-Wert einzulesen, verwendet man die nextInt() Methode.

Übung 2

```java
System.out.println("Wie heisst du?");
Scanner sc = new Scanner(System.in);
String name = sc.next();
System.out.println("Hallo " + name + ", ich
                    wünsche die einen
                    guten Tag.");
```

Für die Konsoleneingabe stellt Java die Scanner-Klasse zur Verfügung. Beachte, dass du die Klasse noch importieren musst. Um einen String-Wert einzulesen, verwendet man die next() Methode. Strings kannst du mit einem Plus-Zeichen verbinden. Achte beim Bilden des Satzes auf die Leerzeichen.

Kontrollstrukturen

<u>Übung 1</u>

```java
if (name.equals("Hans")){
    System.out.println("Der Name ist Hans");
} else{
    System.out.println("Der Name ist nicht
                        Hans");
}
```

Ein Vergleich zwischen String wird mit der equals() Methode durchgeführt.

Übung 2

```java
if (zahl >= 0 && zahl < 11 || zahl > 19 && zahl < 31){
    System.out.println("Zahl ist im Zahlenbereich");
}else{
    System.out.println("Zahl ist nicht im Zahlenbereich");
}
```

(&&) *bewirkt, dass beide Bedingungen erfüllt sein müssen.*
(||) *bewirkt, dass nur eine von beiden Bedingungen erfüllt sein muss.*

In diesem Beispiel soll die Zahl 0 ebenfalls im Zahlenbereich akzeptiert werden. Dafür muss der Operator wie folgt aussehen: >= (größer gleich).

*Die Operatoren **(>)** und **(<)** werten die angegebene Zahl nicht mit.*

Übung 3

```
If (name.equals("Tom")){
    If (zahl > 30){
        System.out.println("Älter als 30");
    } else if (zahl < 30){
        System.out.println("Jünger als 30");
    } else{
        System.out.println("Genau 30");
    }
} else{
    System.out.println("Nicht Tom");
}
```

Kontrollstrukturen können auch ineinander programmiert werden.
Weil Tom weder älter als 30, noch jünger als 30 ist, muss die logische Konsequenz der altersüberprüfenden Kontrollstruktur sein, dass Tom genau 30 Jahre alt ist.

Übung 4

```java
String gericht = "Pizza";
switch (gericht) {
    case "Hamburger":
        System.out.println("Preis: EUR 8.50");
        break;
    case "Nudeln":
    case "Pizza":
        System.out.println("Preis: EUR 7.00");
        break;
    case "Steak":
        System.out.println("Preis: EUR 12.99");
        break;
    default:
        System.out.println("Das Gericht wird
nicht angeboten");
        break;
}
```

Die Nudeln und die Pizza kosten gleich viel, daher erhalten sie die gleiche Konsolenausgabe. Sollte das Gericht nicht angeboten werden, so springt das switch-case direkt in den default und gibt den entsprechenden Hinweis aus.

Schleifen

Übung 1

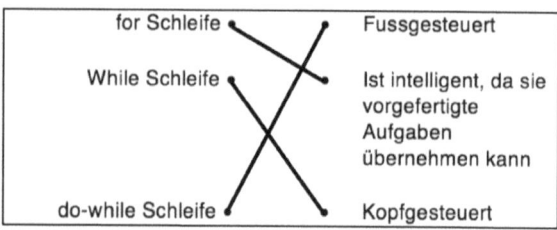

for Schleife: *Überprüft nicht nur die Bedingung, sondern kann Werte auch automatisch verändern.*

while Schleife: *Die while Bedingung befindet sich vor der Schleifendurchführung, sozusagen am Kopf der Schleife.*

do-while Schleife: *Die while Bedingung befindet sich nach der Schleifendurchführung, sozusagen am Fuß der Schleife.*

Übung 2

```java
for (int i = 0; i < 7; i++) {
    System.out.println("Zahl ist bei: " + i);
}
```

*In der Konsole werden dir zwar sieben Ausgaben angezeigt, in der Aufgabenstellung waren aber 6 Durchläufe gefragt, in denen jedes Mal der Wert um 1 erhöht wird. Beim ersten Durchlauf wird der Wert **nicht** um eins erhöht. Erst bei den darauffolgenden.*

Übung 3

```java
int zahl = 50;

do{
    zahl += 1;
    System.out.println("Zahl ist bei: " + zahl);
} while(zahl < 50);
```

Der Wert der Variable ist bereits 50. Da der erste Durchgang unter jedem Umstand durchgeführt werden soll, nutzen wir eine do-while Schleife, da diese erst nach einem Durchgang überprüft, ob die Bedingung zutrifft.

Übung 4

```
int zahl = 30;

while (zahl < 45){
    if (zahl == 44){
        zahl += 1;
    }else{
        zahl += 2;
    }
    System.out.println("Zahl ist bei: " + zahl);
}
```

Mit einer zyklischen Werteerhöhung von 2, gelangt man, mit einem Basiswert von 30, niemals auf 45, sondern auf 44 oder 46. Um dennoch genau auf 45 zu gelangen, muss innerhalb der Schleife überprüft werden, ob der Wert der Variable schon bei 44 ist. Wenn ja, dann kann nur noch um 1 erhöht werden.

Übung 5

```
int zahl = 150

if zahl > 100{
    while zahl > 100{
        zahl -= 10;
        System.out.println ("Zahl ist bei: " + zahl);
    }
}else if zahl < 100{
    while zahl < 100{
        zahl += 10;
        System.out.println("Zahl ist bei: " + zahl);
    }
}
```

Auch Schleifen könne in if/else
Kontrollstrukturen verwendet werden.
if und else if Bedingung überprüfen zunächst,
ob der Wert der zu korrigierenden Variable
grösser oder kleiner als 100 ist. Beruhend auf
dieser Kenntnis, wird eine Schleife
durchgeführt, die den Wert bei jedem
Durchgang um 10 verkleinert oder vergrößert.

Operatoren

Übung 1

*x hat den Wert 30. y übergibt x ihren Wert 30
und ersetzt damit den Wert 20.*

Übung 2

2.1: *Durch das Vorzeichen (-) ist x gleich -20*
2.2: *Aus der Mathematik wissen wir, dass -
und + minus ergibt. Deswegen ändert sich der
Wert nicht und bleibt bei -20.*
2.3: *Aus der Mathematik wissen wir ebenfalls,
dass - und - plus ergibt. Deswegen ändert
sich der Wert wieder zu 20.*

Übung 3

```java
int zahl = 9;
while (zahl < 20) {
    if (zahl % 2 == 0) {
        zahl += 2;
        System.out.println("Zahl ist bei:" + zahl);
    } else {
        zahl += 1;
        System.out.println("Zahl ist bei:" + zahl);
    }
}
```

Da uns der Modulo Operator den Restwert angibt, können wir so überprüfen, ob die Zahl gerade ist. Eine gerade Zahl ergibt mit %2 immer 0. Eine ungerade Zahl hingegen immer den Restwert 1. Aus diesem Grund, wird im ersten Durchgang der Wert nur um eins erhöht und liegt somit bei 10. Danach wird immer um zwei erhöht.

Funktionen

<u>Übung 1</u>

```java
void sagHallo(){
    System.out.println("Hallo");
}

sagHallo();
```

Die Funktion ist leer, deshalb befinden sich auch keine Parameter in den Klammern.

<u>Übung2</u>

```java
void addieren(int zahl1, int zahl2){
    System.out.println(zahl1 + zahl2);
}

addieren(3, 4);
```

Die Funktion addieren hat zwei Parameter, die beim Ausführen mitgegeben werden müssen. Du kannst sie ganz nach deinem Geschmack benennen, beachte dabei nur, dass du die Regeln der Benennung einhältst.

Übung 3

```java
void ueberpruefe(int zahl1, int zahl2){
    if (zahl1 > zahl2){
        System.out.println("zahl1 ist grösser");
    }else if (zahl2 > zahl1){
        System.out.println("zahl2 ist grösser");
    }else{
        System.out.println("Beide Zahlen sind
                            gleich gross"):
    }
}

ueberpruefe(3, 5);
```

Kontrollstrukturen können in Funktionen verwendet werden. Beide Parameter werden danach überprüft, welche grösser ist. Ist keine grösser als die andere, müssen sie gleich groß sein.

Übung 4

```
void rechner(int zahl1, int zahl2, String zeichen){
    if (zeichen.equals("+")) {
        System.out.println(zahl1 + zahl2);
    } else if (zeichen.equals("-")) {
        System.out.println(zahl1 - zahl2);
    } else if (zeichen.equals("/")) {
        System.out.println(zahl1 / zahl2);
    } else if (zeichen.equals("*")) {
        System.out.println(zahl1 * zahl2);
    } else {
        System.out.println("Geben Sie ein
                            gültiges Zeichen ein");
    }
}

rechner(10, 5, "+")
```

Wir müssen der Funktion einen dritten Parameter des Datentyps String mitgeben. Diesen vergleichen wir jeweils mit den vier Operationsmöglichkeiten. Sollte keines der Zeichen zutreffen, ist die logische Konsequenz, dass kein gültiges Zeichen angegeben wurde.

Übung 5

```
void steckbrief(String name, String land, int alter){
   System.out.println(name + " lebt in "
                      + land + " und ist "
                      + alter + " Jahre alt");
}


steckbrief("Hans", "Deutschland", 21);
```

*Ein passender Name für die Funktion wäre
z.B. „steckbrief".*

Übung 6

```
int funktion1(int zahl1, int zahl2) {
   return zahl1 + zahl2;
}


void funktion2(int zahl1, int zahl2) {
   System.out.println(zahl1 – zahl2);
}

funktion2(funktion1(5, 3), 6);
```

*Du kannst einer Funktion als Parameter auch
einen Rückgabewert einer Funktion
übergeben. In diesem Fall übergeben wir der
Funktion2, für den Parameter „zahl1", den
Rückgabewert von Funktion1.*

Arrays/ArrayList

Übung 1

```
String[] mitglieder = new String[3];

mitglieder[0] = "Hans Muster";
mitglieder[1] = "Jörg Lindner";
mitglieder[2] = "Otto Müller";

System.out.println(mitglieder[0]);
System.out.println(mitglieder[1]);
System.out.println(mitglieder[2]);
```

Da wir Namen in das Array speichern wollen, benutzen wir den Datentyp String. Um Werte in das Array zu speichern, musst du in den eckigen Klammern den Index angeben. Werte innerhalb eines Arrays könne herkömmlich per System.out.println Methode auf der Konsole ausgegeben werden.

Übung 2

Gehe sicher, dass du die ArrayList importiert hast, damit du sie auch verwenden kannst:

```
import java.util.ArrayList;
```

2.1

```
System.out.println("Es sind " + obst.size()
                                + " Früchte da.");
```

Verwende die size() Methode, um die Grösse der ArrayList auszugeben.

2.2

```
obst.remove(1);
```

Wir möchten ein Wert an einer bestimmten Stelle entfernen. Index 1 ist gleich Position 2.

2.3

```
obst.remove(obst.size() - 1);
```

Letzter Wert im Array wird gelöscht.
Die Anzahl an Werten in der Array List minus 1 ergibt den Indexwert des letzten Wertes in der List.

2.4

```
obst.remove(0);
```

Erster Wert im Array wird gelöscht.

Der erste Wert in einer Array List ist derjenige mit dem Index 0.

2.5

```
obst.removeAll(obst);
```

Alle Werte im Array werden gelöscht.

Übung 3

```
String[] gruppe2 = new String[3];

void eintragen(person1: String, person2: String,
                person3: String){
  gruppe2[0] = person1;
  gruppe2[1] = person2;
  gruppe2[2] = person3;

  System.out.println(gruppe2[0]);
  System.out.println(gruppe2[1]);
  System.out.println(gruppe2[2]);
}

eintragen("Otto", "Hans", "Jörg");
```

Geeignete Namen für die Parameter wären z.B. person1,2 und 3. Um die Parameter in das Array zu speichern, musst du den Index angeben.

Übung 4

4.1

```
werkzeuge.add(2, "Schraubenzieher");
```
Index 2 ist gleich Position 3.

4.2

```
werkzeuge.remove(werkzeuge.indexOf("Säge"));
```
Wenn wir an einer bestimmten Stelle im Array einen Wert entfernen wollen, müssen wir den Index angeben. Diesen müssen wir für den Wert „Säge", aber erstmal mit der indexOf() Methode herausfinden:

```
werkzeuge.indexOf("Säge")
```

HashMap

Übung 1

*Der geeignete Datentyp für eine HashMap,
welche wir als Wörterbuch verwenden
möchten ist String, da wir das deutsche Wort
als Key und die englische Übersetzung als
Value in Form einer Zeichenkette abspeichern
möchten.*

```java
HashMap<String, String> woerterbuch
= new HashMap<>();
```

Übung 2

2.1

```java
woerterbuch.put("Tisch", "Table");
woerterbuch.put("Apfel", "Apple");
woerterbuch.put("Tasche", "Bag");
```

*Werte werden mit der put() Methode in eine
HashMap gefüllt.*

2.2

```java
woerterbuch.remove("Apfel");
```

*Werte werden mit der remove() Methode aus
einer HashMap gelöscht.*

2.3

```java
System.out.println("Die Übersetzung für Tasche ist: "
                + woerterbuch.get("Tasche"));
```

*Werte können mit der get() Methode
aufgerufen werden.*